LowCarb Goodies

Daniela Pfeifer

LowCarb Basics

Glutenfrei. Sojafrei. Pur!

FSC
www.fsc.org
MIX
Papier aus verantwortungsvollen Quellen
Paper from responsible sources
FSC® C105338

www.lowcarbgoodies.at

LowCarbGoodies - LowCarb Basics Glutenfrei. Sojafrei. Pur!

1. Auflage, April 2014

Design&Layout Werbeagentur Fido
www.fido-agentur.at

„Herstellung und Verlag: BoD – Books on Demand, Norderstedt"
ISBN 978-3-7357-9301-0

Bibliografische Information der Deutschen Nationalbibliothek: Die Deutsche Nationalbibliothek verzeichnet diese Publikation in der Deutschen Nationalbibliografie; detaillierte bibliografische Daten sind im Internet über www.dnb.de abrufbar.

Die Inhalte des Buches sind von der Autorin sorgfältig geprüft – bieten jedoch keinen Ersatz für kompetenten medizinischen Rat! Jeder Leser ist für sein eigenes Handeln selbst verantwortlich! Alle Angaben in diesem Buch erfolgen ohne Gewähr – jegliche Haftung der Autorin ist ausgeschlossen. Um schwer wiegende gesundheitliche Beschwerden oder Kontraindikationen auszuschließen, sollte zuvor ein Arzt konsultiert werden.

Inhaltsverzeichnis

Danksagungen

Es ist unmöglich allen, die an der Entstehung dieses Buches und an meiner Motivation mitgeholfen haben, einzeln zu danken oder sie hier aufzuführen! Ich bin überwältigt über den enormen Zuspruch und der Unterstützung vieler – mir zum Teil völlig unbekannter Personen!

Stellvertretend dafür, danke ich namentlich Dominik Fimberger und Kerstin Pletz, Mag. Barbara Buchegger, Kathrin Kirschner, Mag. Vroni Messenlehner, Bernhard und Wolfgang Pfeifer, Lisi und Harald Deisl, Jürgen Schranz, Margit Passegger, Dr. Claudia Nichterl, Silvia und Peter Embacher, Prof. Frank und Angelika Daudert, Raphaela Trobitz, Willi Fux, Doris und Ivo Siebenförcher, Mag. Eberhard Reisigl und allen weiteren Unterstützern, Ratgebern, Motivatoren und Helfern – ohne die das alles in dieser Form nicht möglich gewesen wäre.

Ein herzliches Dankeschön an meine motivierende, treue und liebe Facebook-Fangemeinde! IHR ward schließlich der zündende Funke für die Entstehung dieses Buches! Ein herzliches

DANKESCHÖN an alle!

Einleitung

Seit Jahren setze ich mich mit der kohlenhydratreduzierten Ernährung (= LowCarb–Ernährung) auseinander und bin von ihrer positiven Wirkung überzeugt! Das hab ich vor allem im Rahmen meiner Tätigkeit als Diätologin bei Prof. Frank Daudert im ProLife Medical Center in Tirol feststellen können, wo ich tagtäglich mit onkologischen Patienten zu tun habe.

Es ist ja mittlerweile bekannt, dass der Tumorstoffwechsel von Glukose abhängig ist und daher die Zufuhr von Kohlenhydraten mit der Nahrung stark reduziert werden kann. Mir war allerdings die schmackhafte, sättigende und einfache Umsetzung nicht bewusst. Bei einem Selbstversuch habe ich eine allgemeine Steigerung meiner Leistungsfähigkeit und einen erstaunlichen Gewichtsverlust ohne Hunger festgestellt. Als Nebenwirkung dieser Kost verlor ich meine „Süßgelüste", sowie meine Stimmungsschwankungen und das Verlangen nach Brot und Nudeln (ich war bekennender Brot-Junkie!).

Im Zuge des Eigenversuchs habe ich eine Vielzahl an schmackhaften und leicht umzusetzenden Rezepten entwickelt. Nun war es an der Zeit, meine Rezeptsammlung zu sortieren, nach einzelnen Themen zu gliedern und sie an interessierte Leser weiterzugeben! Motiviert wurde ich zu diesem Schritt von meinen unglaublich vielen, treuen und anspornenden Fans meiner LowCarbGoodies-Seite auf Facebook! Ohne deren permanente „Buchanfragen" hätte ich wahrscheinlich niemals ernsthaft überlegt, mein Wissen in Form eines Buches zu verpacken!

Grundsätzlich bräuchte man für das Umsetzen der LowCarb-Ernährung kein Kochbuch: Es ist wirklich sehr einfach und unkompliziert und von jedem – ob Student, Fulltime-Worker oder Pensionist – jederzeit und überall umsetzbar.

Da ich aber im onkologischen Bereich tätig bin, hat sich mein Qualitätsanspruch an gesunder Ernährung gewaltig gesteigert – daher verwende ich (unabhängig von LowCarb) einige Zutaten aus verschiedenen gesundheitlichen Gründen nicht. Dazu gehören Getreide, Soja und Produkte aus Soja sowie sämtliche künstliche Süßstoffe und andere künstliche Zusatzstoffe.

Um LowCarb-Neulingen den Einstieg in diese Ernährungsform zu erleichtern, verzichte ich in den Rezepten dieses Buches auf extravagante Zutaten, die nur im Spezialhandel erhältlich sind. Ausnahme hiervon bildet nur das Virgin Coconut Oil (VCO) wegen des extrem hohen gesundheitlichen Wertes und das Kokosmehl, welches sich als Mehlersatz z.B. bei Süßspeisen sehr gut eignet. Beide Produkte sind im Reformladen bzw. etwas günstiger auch im Internet erhältlich (siehe Bezugsquellen – Seite 79).

Da ich dieses Rezeptbuch auch als Unterstützung zu einer besseren Gesundheit, sowie als Hilfe zur Gesundwerdung bei schon eventuell vorhandenen Krankheitsbildern sehe, ist es mir besonders wichtig, dass die Qualität der Zutaten so hochwertig wie nur möglich ist! Also Fleisch aus artgerechter Haltung (hat z.B. eine extrem günstige Fettsäurezusammensetzung für uns Menschen im Gegensatz zu konventionellem Fleisch), Eier in Bio-Qualität (zeichnen sich u.a. durch einen hohen Omega-3-Fettsäure-Anteil aus), Milchprodukte aus Heumilch bzw. Rohmilch (möglichst direkt vom Bauern oder Sennerei) und vieles mehr.

Ein weiteres wichtiges Anliegen ist mir die Verwendung hochwertiger, gesunder Fette in ausreichender Menge! Das ist nicht unbedingt ein LowCarb-Thema, jedoch durch die jahrelange Fehlinformation durch die Medien, oder auch durch sogenannte Fachleute zum Thema „Fett", scheuen sich viele Leute hochwertige Fette zu verwenden.

Weiters verzichte ich bewusst auf das Berechnen der Rezepturen: Für eine gesunde Ernährung ist es irrelevant, wieviel Gramm Protein/Fett/Kohlenhydrat oder wieviele Kalorien in einer Speise enthalten sind. Die berechneten Werte weichen vom tatsächlichen Lebensmittel stark ab! Kein Schnitzel gleicht dem Anderen. Eiweiß wird anders im Körper verbrannt als Kohlenhydrate und selbst Fette unterscheiden sich in der kalorischen Auswirkung im Körper stark voneinander!

Darum halte ich mich nicht mit „Eventual-Berechnungen" auf.

Ich habe zur leichteren Orientierung für Einsteiger die Rezepte mit einem Ampelprinzip kenntlich gemacht:

Grüne Rezepte sind bedenkenlos jederzeit zu essen. Die Gelben enthalten einen moderaten Kohlenhydratanteil und sollten nur gelegentlich verzehrt werden. Die rot Gekennzeichneten sind zwar LowCarb-Rezepte, sollten aber nur ab und an als „Besonderheit" konsumiert werden (besonders im Fall einer gewünschten Gewichtsreduktion).

Nun wünsche ich viel Spaß beim Ausprobieren der Rezepte!

Ziel der LowCarb-Ernährung:

- Stabilisierung des Blutzuckerspiegels
- Niedrige Insulinwerte im Blut, um Fettverbrennung zu ermöglichen
- Gewichtsregulation
- Höhere körperliche und geistige Leistungsfähigkeit
- Senkung der Entzündungsfaktoren
- Langanhaltende Sättigung

Für wen eignet sich diese Kost:

- Für Gesundheits- und Ernährungsbewusste zur Vorbeugung verschiedener Beschwerdebilder
- Für Personen mit Gewichtsproblemen (Unter- und/oder Übergewicht)
- Für Leistungssportler zur Steigerung der körperlichen und geistigen Leistungsfähigkeit
- Für Patienten mit Stoffwechselerkrankungen (Diabetes Typ I und II, Metabolisches Syndrom, Fettstoffwechselstörungen etc.)
- Für chronisch Kranke (Krebs, Autoimmunerkrankungen, Magen-Darmerkrankungen etc.)
- Für Jeden, der gerne neue Wege beschreitet

Für eine ausgewogene Ernährung – ohne ständiges Hungergefühl und einem optimalen Säure/Basenverhältnis gelten folgende Empfehlungen:

- Jede Speise soll eine Eiweißportion beinhalten (die Menge richtet sich nach Hunger und Appetit)
- Das Verhältnis Gemüse/Obst zu tierischen Produkten soll 2:1 betragen (also z.B. 2 Handvoll Gemüse und/oder Obst mit 1 Handvoll Fleisch, Eier, Milchprodukte kombinieren)
- Das Verhältnis Gemüse zu Obst soll ebenfalls 2:1 betragen – also, doppelt so viel Gemüse wie Obst über den Tag verteilt essen
- Hochwertige Fette ruhig großzügig einsetzen
- Satt essen! Wer nach einer Speise gleich wieder Hunger hat, hatte in der vorhergehenden Speise einen zu geringen Eiweiß/Fett-Anteil. 4 bis 5 Stunden nach einer Mahlzeit keinen Hunger zu haben, ist das Ziel.
- Genügend trinken (Wasser, Basentee, Kräutertee…)

Wozu LowCarb-Ernährung?

LowCarb verhindert:

- den Aufbau von Fettzellen
- Schwankungen im gesamten Hormonhaushalt
- einen ständig erhöhten Insulinspiegel
- ein permantes Hungergefühl und Heißhungergelüste
- Insulinresistenz und Übergewicht
- Stoffwechselstörungen (Hyperlipidämie, Insulinresistenz, Bluthochdruck, Diabetes Mellitus II, Metabolisches Syndrom ...)
- entzündliche Prozesse im Körper

Was bedeutet LowCarb?

- Ein deutliches Unterschreiten der üblichen Empfehlungen von 50–60 % der täglichen Energieaufnahme auf ca. 20 %

Formen der LowCarb-Ernährung:

- „streng" KH-reduzierte Ernährungsformen (unter 25 g Kohlenhydrate am Tag) wie z.B. bei Atkins, ketogener Ernährung, anabole Diät, LCHF (low carb high fat), Lutz. Sinnvoll für stark Übergewichtige, Diabetiker, Krebspatienten...
- „moderat" KH-reduzierte Ernährungsformen (25–50 g Kohlenhydrate am Tag) wie z.B. LOGI, South Beach, Strunz. Sinnvoll für Übergewichtige, Normalgewichtige und Gesunde, die regelmäßig Sport betreiben.
- „liberal" KH-reduzierte Ernährungsformen wie z.B. Trennkost, SIS (Schlank im Schlaf), Glyx–Diät. Sinnvoll für Leute, die ihre Ernährung nicht drastisch umstellen wollen, Leistungssportler und für Einsteiger in die LowCarb-Ernährung.

Lebensmittelübersicht für die LowCarb-Ernährung

Günstige Lebensmittel (LM)	Einzuschränkende LM	Ungünstige LM
	2–3x/Woche kleine Portion	möglichst vermeiden!

Fleisch und -produkte:		
Alle hochwertigen Fleischsorten	keine Einschränkung	alle Fertigprodukte und Konservenwaren
Jedes hochwertige Geflügel		Fleisch nicht hochwertiger Herkunft
Hochwertige Würste und Schinken ohne Zusatzstoffe		

Fisch:		
sämtliche Süß- und Salzwasserfische	Dosenfisch in Lake	alle Fertigprodukte und Konservenwaren
Alle Meeresfrüchte		

Fette und Öle:		
Butter	Olivenöl extra vergine	Margarine aller Art
Leinöl, Hanföl	Kürbiskernöl, Nussöle	gehärtete Fette
Kokosöl bzw. -fett (VCO)	Erdnussöl	Sonnenblumen-, Maiskeimöl
rotes Palmöl	Sesamöl	Rapsöl...

Milchprodukte:		
Rahm/Sahne	Naturjoghurt	Fruchtjoghurt gezuckert
Topfen/Quark	Frischkäse	Molkegetränke
Sauerrahm, Schmand	Milch, Buttermilch, Molke (alle max. 250ml pro Tag)	Topfencremes gezuckert
alle Schnitt- und Hartkäse biolog.	Hanf- und andere Nussmilchen	Schmelzkäse, Scheiblettenkäse
alle Ziegen- und Schafsmilchkäsesorten		Kondensmilch
Kokosmilch ohne Zusätze		Sojamilch, -pudding etc.

Eier:		
alle Eier bio	keine Einschränkung	Fertigmayonnaise

Günstige Lebensmittel (LM)	Einzuschränkende LM	Ungünstige LM
	2–3x/Woche kleine Portion	möglichst vermeiden!

Gemüse und Salate:		
jedes saisonale Gemüse	Gemüse aus der Dose oder Glas ohne weiterer Zusätze (z.B. Pelati, Mais...)	Fertiggerichte aller Art
alle Salate, Pilze, Sprossen	Mais	
Avocado	Algen	
Sauerkraut u.ä.		
Oliven, Kapern		
Eingelegtes (Essiggurkerl, Mixed Pickles) ohne Zusätze		

Nüsse und Kerne:		
alle Nüsse, Kerne, Samen natur	Cashewkerne und -mus	kandierte Nüsse
Nussmuse natur	Edelkastanien	Nussmuse gezuckert
Kokosnuss, -flocken	Erdnüsse und -mus	süße Nusszubereitungen
Kakaopulver pur		

Obst:		
säuerliche Beeren (Ribisel, Stachel- und Himbeeren...)	Bananen	Fruchtaufstriche gezuckert
Zitrone, Grapefruit	süßes Obst allgemein	Obst-Fertigprodukte gesüßt
Erdbeeren 1 Handvoll	Trockenfrüchte	
Orange nicht zu süß	Feigen	
	Datteln	
Jedes Obst mit etwas Eiweiss und/oder Fett (z.B Nüsse) kombinieren!		

Getreide, und -produkte:		
	Buchweizen	Alle Getreide (-mehle, -grieß -flocken), besonders Weizen
	Kokosmehl	Brot, Semmeln, Backwaren
	Mandelmehl	Nudeln, Bulgur, Couscous
	Popcorn, Chips selbstgemacht	Kuchen, Kekse

Günstige Lebensmittel (LM)	Einzuschränkende LM	Ungünstige LM
	2–3x/Woche kleine Portion	möglichst vermeiden!

	KH-reduzierte Backwaren und Brote	Müsli auf Getreidebasis
	Hirse, Amaranth, Quinoa	Cornflakes
	Kartoffeln, Reis (wenig!)	Polenta, Maismehl

Hülsenfrüchte:		
Linsen	alle Bohnen	Fleischersatz aus Soja
Hülsenfrucht-Sprossen (z.B. Soja-, Mungbohnen)	Erbsen, Kichererbsen	Sojaprodukte
	Tofu	

Gewürze und Saucen:		
alle Kräuter	Balsamico süß, dickflüssig	Fertigdressings
alle Gewürze, Sojassauce		Gewürzsoßen
glutamatfreie Würze		Instantbrühen mit Glutamat
Essig		Tomatenketchup
Tomatenmark ungezuckert		Fertigsoßenpulver
Senf ungezuckert (Dijon)		süßer Senf

Getränke:		
Wasser	Kaffee mit Milch	alle gezuckerten Getränke
Tees alle Sorten	Rot- und Weißwein trocken	Kakao gezuckert
Espresso, (Kaffee)	Bier alkoholfrei	Eistee, Lightgetränke
Zitronensaft	Trinkschokolade natur	Fruchtnektare
Gemüsesäfte frischgepresst		Malzbier, Süßwein

Süßmittel und Süßes:		
Stevia (pflanzl. Süßstoff)	Honig	Zucker und Produkte daraus
„Natural Sweet" (Erythritol)	Schokolade ab 70 %	alle künstlichen Süßstoffe
	Dicksäfte (Apfel- etc.)	Melasse, Sirupe (Ahorn etc.)
	Kokoszucker, Birkenzucker	Fruchtzucker, Diabetikersüße

ERSTE SCHRITTE ZU LOWCARB:

Vermeiden Sie Kohlenhydrat-Bomben!

- Zucker und Süßigkeiten
- Brot, Semmeln, Fertigcracker
- Nudeln, Kartoffeln, Reis
- sonstige stärkehaltige Kohlenhydrate

Ersetzen Sie diese durch:

- Brot auf Eiweiß-Basis (aber ohne Gluten, ohne Soja...)
- Kuchen und Desserts auf Eiweiß-Basis
- Stevia oder/und Erythritol als Zuckerersatz
- Kreative Küche mit Eiweiß-Fett-Gemüse und Obst

Wo lauern Kohlenhydrat-Fallen?

- Fertigsaucen, Fertigsuppen
- „Light"-Produkte (sind oft fettreduziert, aber gezuckert)
- Fruchtsäfte und Smoothies
- Saucen im Restaurant
- Panierte Speisen
- Aufläufe, Mehlsaucen

TIPPS UND PRAKTISCHES:

Für den kleinen Hunger zwischendurch:

- Studentenfutter mit hohem Nussanteil
- Nüsse aller Art
- Gemüse jeglicher Art
- Cocktailtomaten mit hart gekochtem Ei
- Schinken mit Gemüse
- Obst mit Nüssen
- eingelegtes Gemüse
- Oliven, Kapern
- kaltes Fleischlaibchen mit Dijon-Senf (Frikadellen)
- kaltes Brathähnchen („Chicken-Wings", Keule…)
- Käse
- harte Eier (immer schon auf Reserve im Kühlschrank)
- Hüttenkäse, Vollmilch-Joghurt, 20 % oder 40 % Topfen und Cremes daraus

Mitnehmbare Mittagsvarianten für die Lunchbox:

- Warmhaltegeschirr besorgen und heiße Suppen bzw. Eintöpfe mitnehmen
- sättigende Salate mitnehmen: selbstgemachter Wurst-, Käsesalat mit Gemüse
- Mayonnaisesalate (selbstgemacht!): Waldorfsalat + hartes Ei, italienischer Salat, Heringssalat, Shrimpssalat
- sättigende Avocadosalate
- Thunfischsalate
- Hühnchensalate
- Avocadocreme süß oder pikant + LowCarb–Brot (siehe Rezepte – ab Seite 63)
- Topfencreme süß oder pikant
- kalter Braten, Brathähnchen, Roastbeef….
- italienische Anti-Pasti

Restaurantbesuch:

- Suppen mit Gemüseeinlagen (Minestrone, Gemüsejulienne, Tomatensuppen....)
- Gemüsesuppen
- Klare Suppen mit Ei (Bouillon mit Ei)
- Antipasti als Vorspeise
- Carpaccio
- Beef Tartar
- Lachstartar
- Tomaten-Mozzarella Variationen
- alle Fleisch und Fisch Hauptgerichte ohne Beilagen, dafür mit doppelter Menge an Gemüse oder Extrasalat dazu bestellen
- statt Kartoffelsalat einen gemischten Salat bestellen
- Wokgerichte, Pfannengerichte ohne Reis
- Vermeiden: Kartoffelgerichte, Pasta und Lasagne, Spätzlegerichte, Risotto, Knödelgerichte, Aufläufe im Restaurant (oft viele Kartoffeln und Mehl enthalten)

Desserts:

- Käseplatte
- Fruchtsalate ohne Eis
- Erdbeeren mit Schlagobers ohne Eis
- Kleine Portion "Mousse au Chocolat" aus dunkler Schokolade ohne Eis

EINKAUFSLISTE: BASICS

Immer zu Hause sollte sein:

- frisches, saisonales und regionales Gemüse aller Art
- frisches, saisonales und regionales Obst – möglichst säuerlich
- Beerenobst
- Zitronen
- Fleisch und Innereien aus artgerechter Haltung
- Fisch und Meeresfrüchte
- Bio-Eier (auf Kennzeichnung achten!)
- Käse aus Rohmilch und Heumilch (Normalfettgehalt)
- Naturtopfen und wenig Joghurt mit Normalfettgehalt (aus Heumilch)
- hochwertige Fette
- Butter (Heumilch, Bioprodukt, Sennereibutter...)
- Butterschmalz bzw. Ghee (Heumilch, Bioprodukt, Sennereibutter...)
- Rahm/Sahne (Heumilch, Bioprodukt, Sennereiware...)
- Sauerrahm, Crème fraîche (Heumilch, Bioprodukt, Sennereiware...)
- hochwertiges Olivenöl
- Lein- und/oder Hanföl für Salate
- VCO = Virgin Coconut Oil (siehe Bezugsquellen – Seite 79)
- Nüsse, Mandeln, Samenfrüchte
- Gewürze, frische Kräuter, Sprossen und Keimlinge
- unraffiniertes Salz (unjodiert, naturbelassen)

Zum Backen:

- Kokosmehl
- Kakaopulver
- Schokolade mit über 80 % Kakaoanteil
- Erythritol (NatualSweet) als Zuckerersatz für Süßspeisen (siehe Bezugsquelle – Seite 79)

Verzichten auf:

- Zucker, Honig, Diabetikersüße, Süßstoffe
- Schokolade unter 80 %
- Reis, Nudeln, Hirse, Kartoffeln, Semmelbrösel
- Mehl, Stärkemehl, Grieß, Getreideflocken
- Puddingpulver, Fertigbackmischungen
- Kekse, Brot, Knäckebrot, Reis/Maiswaffeln
- Fertigsaucen, Saucenbinder
- Fertiggerichte, Dosengerichte, auch Tiefkühl-Fertiggerichte
- „Pflanzenöl", Raps-, Maiskeim-, Sonnenblumenöl etc.
- Kalorientabellen und Berechnungsprogramme
- Körperwaage ☺

Hilfreiche Küchenutensilien:

- Silikonbackformen jeglicher Art
- großer Multizerkleinerer für größere Mengen und Teige
- Nussreibe – geriebene Nüsse lassen sich besser verarbeiten als fein gehackte
- Kaffeemühle für die Feinarbeit: Sesam, Leinsamen bzw. sehr kleine Mengen
- SlowCooker für Suppen, Eintöpfe, saftige und aromatische „SlowFood-Gerichte"

KÜCHENTIPPS

Mehl:

- 50 % der üblichen Menge kann man mit feingemahlenen Nüssen ersetzen
- Zur Bindung der Masse hilft 1 Ei zusätzlich
- vorsichtig Kokosmehl dazu ergänzen. Kokosmehl bindet stark krümelig, daher niemals 1:1 mit Mehl austauschen, sondern höchstens ¼ der Mehlmenge verwenden
- ebenfalls zur Bindung hilfreich: gemahlener Goldleinsamen, ev. gemahlene Kleie (bindet Feuchtigkeit), Kichererbsenmehl (ungeröstet schmeckt es weniger „erbsig")
- Kuzu, Pfeilwurzel-, Guarkern- und Johannesbrotkernmehl eignen sich bedingt zur Bindung von Teigen – werden in diesem Buch aber nicht verwendet.

Zucker:

» Gesamtzuckermenge eines Rezeptes um mindestens ⅓ reduzieren

» Von dieser Menge höchstens ⅓ Vollrohrzucker verwenden (für den „runden" Geschmack), Restmenge durch Süßmittel (z.B. Erythritol) ersetzen

» Stevia eignet sich in kleiner Menge erfahrungsgemäß nur für flüssige, cremige Massen

» Erythritol eignet sich hervorragend für Backwaren (ca. ⅓ weniger Süße wie mit Zucker)

» Honig und Ahornsirup nur zur Dekoration verwenden

Schokolade:

» mindestens 80 % Kakao-Anteil (je höher desto weniger Kohlenhydrate)

» Kakao verwenden

» dunkle Kuvertüre verwenden

Kartoffel:

» kochen, auskühlen lassen, nochmals erhitzen – das reduziert die KH-Menge um ca. ⅓ (die Stärke verkleistert und wird nicht so gut aufgenommen)

» Bei Kartoffelgerichten einen Teil der Kartoffeln durch Pastinaken, weißen Rettich, Petersilwurzeln ersetzen

» Pastinaken und/oder Petersilwurzel für Chips, Püree, Pommes und als Kartoffelersatz in Suppen und Eintöpfe geben

» Karfiol für Püree verwenden (siehe Rezepte – Seite 74)

» Gemüsepommes und Chips herstellen

» Topinambur: stärkeärmer als Kartoffel und sorgt für eine bessere Sättigung

Nudeln/Pasta:

» aus Gemüse Spaghetti herstellen z.B. Zucchinispaghetti

» Tagliatelle aus Karotten, Pastinaken oder Petersilwurzel herstellen

» Kohlrabi und Melanzani (roh in Scheiben schneiden) als Lasagneblätter verwenden

FRÜHSTÜCK

Apfel-Eierspeis mit Zimt und Nüssen

Zutaten für 1 Portion:

- etwas Butter oder VCO
- 2 Eier
- 1 EL Rahm/Sahne
- Prise Salz
- Zimt
- 1 Apfel geschält, kleingeschnitten
- grob gehackte Nüsse

Eier mit Rahm und Gewürzen verquirlen. Butter oder VCO in der Pfanne langsam schmelzen, Apfelstücke und Nüsse etwas rösten – ev. noch etwas Zimt darauf verteilen. Eiermasse darüber geben und bis zur gewünschten Konsistenz rühren. Mit Zimt und Nüssen servieren.

Tipps

Schmeckt auch mit Birne gut!

Nussmüsli

Zutaten:

- » 100 g gehackte Walnüsse
- » 100 g Sonnenblumenkerne
- » 100 g gehackte Haselnüsse
- » 100 g Mandelblättchen
- » 3 EL (ca. 50 g) Kokosmus
- » 2–3 TL Gewürz (z.B. Lebkuchengewürz, Vanille, Zimt….)

Alle Zutaten mischen (Kokosmus zuvor schmelzen und Gewürze unterrühren) und auf ein Backblech geben. Bei 160 °C ca. 10 Minuten rösten, einmal gut durchrühren. Weitere 10–15 Minuten backen. Gut beobachten, damit das Müsli nicht verbrennt! In einem Vorratsbehälter aufbewahren. Muss nicht in den Kühlschrank.

Tipps Andere Nuss-Variationen ausprobieren. Statt Kokosmus kann man auch Kokosraspel und etwas VCO nehmen!

Müsliweckerl

Zutaten:

- » 2 Eier
- » 160 g Mandelmus (oder Haselnussmus)
- » 40 g VCO geschmolzen
- » Prise Weinsteinbackpulver
- » Prise Ursalz
- » 1 TL Honig
- » Prise Backpulver
- » 2–3 EL Nussmüsli

Eier mit dem Weinsteinbackpulver schaumig schlagen. VCO und Nussmus dazurühren: Masse wird nun fest–cremig. Zum Schluss eine Prise Salz, Müsli und Backpulver unterrühren.

Nun, auf ein mit Backpapier belegtes Blech, mit einem Löffel 6–8 Brötchen setzen. Sie rinnen nicht sehr auseinander beim Backen – aber sie gewinnen an Höhe! Mit Mandelsplitter, Mohn oder Sesam bestreuen.

Bei 180 °C ca. 12–15 Minuten backen (Nadelprobe)!

Tipps Wenn kein Nussmüsli zur Hand ist: einige gehackte Nüsse kurz in einer Pfanne anrösten und dazugeben. Auch wenige Rosinen schmecken in den Brötchen gut (Vorsicht: enthalten Kohlenhydrate!)

Pikante Muffins

Zutaten Grundteig:

- 4 große Eier
- 2 EL Joghurt 3,5 %
- 2 gestrichene EL Kokosmehl
- 2 gehäufte EL gemahlene Mandeln
- ½ TL Backpulver
- Ursalz
- Pfeffer

Füllen nach Wunsch:

- Basilikum, Parmesan oder Mozzarella, Cocktailtomaten
- Speckwürfel
- Zwiebel
- Käsewürfel

Für den Teig alle feuchten Zutaten mixen. Dann die trockenen kurz dazu mischen. Nun die jeweilige Fülle gleichmäßig unterheben und auf die Muffinförmchen verteilen . Diese Masse ergibt ca. 6 Muffins.
Bei 180 °C ca. 20–25 Minuten backen. Warm servieren oder als Snack verwenden.

Tipps Der Fantasie sind hier keine Grenzen gesetzt! Diese Muffins eignen sich auch hervorragend zur „Restlverwertung".

Lachs-Omelett

Zutaten für 1 Portion:

» ca. 50 g Räucherlachs geschnitten
» 2–3 Eier
» 1 EL Rahm/Sahne
» Ursalz
» Pfeffer
» Schnittlauch zum Bestreuen
» Butter oder VCO für die Pfanne

Lachs in geschmolzener Butter oder VCO leicht anbraten, verquirlte und gewürzte Eiermasse darüber geben und stocken lassen.
Auf ein Teller gleiten lassen, in der Hälfte um- bzw. zusammenklappen und mit Schnittlauch (oder anderen Kräutern) bestreuen.

Tipps

Wenn man die Masse nicht stocken lässt, sondern immer wieder umrührt, dann hat man eine köstliche Lachs-Eierspeis!

Brie-and-Egg

Zutaten für 1 Portion:

» etwas Butter oder VCO
» ein paar Scheiben Brie, nicht zu dünn geschnitten
» 2 Eier
» Ursalz oder Kräutersalz
» Pfeffer

Butter oder VCO in der Pfanne schmelzen. Brie kurz dazugeben, 1x wenden. Zwei Zwischenräume bilden und die Eier hinein schlagen. Mit Salz und Pfeffer würzen und gut stocken lassen.

Tipps: Auch andere Käse eignen sich äußerst gut, wie z.B. Gorgonzola!

SUPPEN
VORSPEISEN

Avocado-Shrimp-Salat

Zutaten für 1–2 Portionen:

- 1 Avocado würfelig geschnitten
- 5–6 Cocktailtomaten halbiert
- 120 g Shrimps
- ½ rote Zwiebel würfelig geschnitten
- gehackter Petersilie
- 1 Knoblauchzehe zerdrückt
- etwas Balsamicoessig
- etwas Olivenöl
- Ursalz
- Pfeffer

Alle Zutaten gut miteinander vermischen. Mindestens 1 Stunde bei Raumtemperatur ziehen lassen und servieren.

Tipps

Der Salat sieht sehr dekorativ aus, wenn man ihn in den ausgehöhlten Avocadoschalen serviert!

„Kartoffel" Suppe

Zutaten:

- 1 Karfiolkopf
- ⅛ l Rahm/Sahne
- Ursalz
- 1 Lorbeerblatt
- 2 EL Majoran
- Prise Kurkuma
- 1 Becher Frischkäse (ca. 200 g)
- 2 Bauernwürste (Krainer)
- etwas Sauerrahm

Den Karfiol im Sahne-Wasser mit den Gewürzen sehr weich kochen. Lorbeerblatt entfernen und mit dem Stabmixer die Suppe pürieren. Frischkäse dazugeben und gegebenenfalls nochmal kräftig nachwürzen. Die in dünne Scheiben geschnittenen Würste unterheben und nochmal aufkochen lassen. Mit einem Klacks Sauerrahm servieren. Als Dekoration eignet sich ein Lorbeerblatt.

Tipps Statt Karfiol kann man auch Kohlrabi oder Pastinaken verwenden.

Französische Zwiebelsuppe

Zutaten für 3–4 Portionen:

- » ½ kg Zwiebel fein geschnitten
- » 30 g Butter
- » 1 Prise Süße nach Wahl
- » ca. ¾ l Rindssuppe
- » ⅛ l Weißwein
- » Ursalz
- » Pfeffer
- » 100 g geriebener Parmesan

Zwiebeln in der Butter weich dünsten, mit Suppe aufgießen und so lange kochen, bis sie cremig zerfallen.

In der Zwischenzeit den Parmesan in Häufchen auf ein, mit Backpapier belegtes, Backblech setzen und bei 200 °C zu „Cracker" schmelzen lassen. Das dauert nur wenige Minuten.

Nun die Zwiebelsuppe mit Weißwein abschmecken und fertig würzen. In einer Suppenschüssel anrichten und Parmesancracker darauf setzen.

Tipps

Kocht man geschnetzeltes Fleisch (Huhn, Rind, Kalb etc.) mit, bekommt man ein sättigendes Hauptgericht!

Thunfischmayonnaise mit Apfel und Curry

Zutaten für 4 Portionen:

- » 2 Dosen Thunfisch ohne Saft
- » 1 mittlgroßer säuerlicher Apfel kleingeschnitten
- » 3–5 EL selbstgemachte Mayonnaise
- » 1 kleine Zwiebel kleingeschnitten
- » 2 EL Curry
- » Ursalz
- » Pfeffer

Alle Zutaten gut miteinander mischen und abschmecken. Mindestens 1 Stunde bei Raumtemperatur ziehen lassen.

Tipps

Wenn man die Zutaten sehr klein schneidet oder auch mit dem Stabmixer püriert, hat man einen herrlichen Dip oder Brotaufstrich!

„Kartoffelsalat" mit Senfdressing

Zutaten:

- „Kartoffeln" (siehe Zubereitung – Seite 73)
- 3 EL Olivenöl
- 3 EL Balsamico-Essig (oder Essig nach Wunsch)
- etwas Kochflüssigkeit oder Wasser
- Pfeffer
- 1 EL Dijon-Senf
- Ursalz
- 1 kleine Zwiebel feingehackt
- Schnittlauch zum Garnieren

Für die Marinade alle Zutaten gut miteinander verrühren und über die noch möglichst heißen „Kartoffelscheiben" geben. Mehrmals gut durchrühren und ziehen lassen. Mit Schnittlauch bestreut servieren.

Tipps

Diesen Salat kann man auch für ein paar Tage auf Vorrat zubereiten. Mit einem gekochten, kleingeschnittenen Ei vermischt, eignet er sich auch als Mahlzeit zum Mitnehmen!

Schafskäse-Terrine

Zutaten für 2 Portionen:

- » 200 g Schafsfrischkäse
- » 2 Blatt Gelatine
- » 80 g Schafsjoghurt
- » 1 EL Olivenöl
- » Saft von ½ Zitrone
- » Ursalz
- » weißer Pfeffer
- » gehackte Kräuter, Blüten, Pfeffer für die Form

Förmchen mit Klarsichtfolie auslegen und Kräuter, Blüten oder groben Pfeffer einstreuen. Alle Zutaten nun gut vermischen und herzhaft würzen (Gelatine nimmt Geschmack weg). Aufgelöste Gelatine rasch unterrühren. Creme in Förmchen füllen und mindestens 4 Stunden kalt stellen. Terrine stürzen und die Folie vorsichtig abziehen.

Tipps

Lässt sich im Förmchen gut als Jause mitnehmen!

Lachstartar auf Ruccola

Zutaten für 2 Portionen:

- 120 g Räucherlachs
- 1 Becher Crème fraîche
- 1 Bund Dill kleingehackt
- Ursalz
- Pfeffer
- Zitronensaft
- Ruccola
- Zitronensaft
- Olivenöl
- Kräutersalz
- Pfeffer

Lachs sehr klein hacken und mit den restlichen Zutaten gut vermischen. Bei Raumtemperatur etwas ziehen lassen und auf reichlich mariniertem Ruccola servieren.

Tipps

Das Tartar schmeckt auch ohne Crème fraîche. Stattdessen etwas Olivenöl nehmen.

HAUPTSPEISEN

Tiroler Gröstl

Zutaten für 2 Personen:

- 1–2 EL Butter
- 1 Zwiebel in Ringe geschnitten
- ca. 120 g Suppenfleisch gekocht
- „Kartoffelscheiben“ gekocht (siehe Zubereitung – Seite 73)
- 1 Knoblauchzehe zerdrückt
- Pfeffer
- Ursalz
- 2 Spiegeleier
- Schnittlauch oder Kresse

Die Zwiebel in der Butter glasig werden lassen. In Streifen geschnittenes Fleisch und „Kartoffelscheiben“ dazu geben, gut würzen und alles gut durchrösten. In der Pfanne mit Spiegelei und Schnittlauch oder Kresse bestreut servieren.

Tipps Statt Suppenfleisch eignen sich auch Kochschinken oder Speck, sowie herzhafte Würste (in Scheiben geschnitten) für eine Abwandlung.

Balsamico-Hühnchen

Zutaten für 4 Portionen:

- 4 Hühnerbrüstchen
- 150 ml Olivenöl
- 150 ml Balsamico-Essig
- 2 Knoblauchzehen gehackt
- 1 EL Basilikum gehackt
- Ursalz
- Pfeffer aus der Mühle

Tipps Erkaltetes Hühnerbrüstchen schmeckt fein aufgeschnitten als Snack sehr gut!

Eine gut gewürzte Marinade bereiten und Hühnerbrüstchen damit gut bedecken. Mindestens 2 Stunden – besser aber 24 Stunden – im Kühlschrank ziehen lassen. ½ Stunde vor der Weiterverwendung aus dem Kühlschrank nehmen. Hühnerbrüstchen nun in einer Pfanne gut durchbraten und vor dem Aufschneiden etwas ruhen lassen.

Chicken-Nuggets

Zutaten für 2 Portionen:

- 2 Hühnerbrüstchen
- 1 Dotter
- Knoblauch
- Ursalz
- Pfeffer
- ca. 50 g gemahlene Mandeln
- VCO oder Butterschmalz
- Panade:
- gemahlene Mandeln
- Sesam
- Parmesan
- Pfeffer

Alle Zutaten in den Multizerkleinerer geben und fein mixen. Mit feuchten Händen kleine „Nuggets" formen, in Panade wenden und in VCO oder Butterschmalz beidseits knusprig braten.

Tipps Die Nuggets eignen sich hervorragend als kalter Snack zum Mitnehmen!

Räucherlachs-Laibchen

Zutaten für 2 Portionen:

» 150–200 g Räucherlachs
» 2 Eier
» 1 kleine feingeschnittene Zwiebel
» 1 TL Dijon-Senf
» 1–2 EL Dill fein geschnitten
» 2 EL gemahlene, weiße Mandeln
» Prise Ursalz
» Pfeffer
» VCO

Alle Zutaten in den Multizerkleinerer geben und zu einer cremigen Masse mixen. Mit einem Löffel kleine Laibchen formen und diese in heißem VCO braten.

Tipps Statt Räucherlachs kann man auch Shrimps oder Thunfisch nehmen!

Rindfleisch aus dem Wok

Zutaten für 2 Portionen:

- » 1 EL VCO
- » 1 Rindersteak (ca. 150 g)
- » 1 oranger Paprika in Streifen geschnitten
- » 4 Frühlingszwiebel in feinen Streifen
- » 2 frische Jalapeño fein gehackt
- » 2–3 Knoblauchzehen fein gehackt
- » 120 g Zuckererbsenschoten grob geschnitten
- » 100 g Austernpilze grob geschnitten
- » 2 TL glutenfreie Sojasauce
- » 1–2 EL Orangensaft
- » 100 g Ruccola

Tipps

Dieses Gericht schmeckt auch mit Hühnerfleisch sehr gut!

Das in Streifen geschnittene Fleisch mit VCO im Wok ca. 1 Minute scharf anbraten, herausheben und beiseite stellen. Paprika, Frühlingszwiebeln, Jalapeño und Knoblauch ca. 2 Minuten im Wok braten. Zuckererbsen und Pilze dazu geben und weitere 2 Minuten braten.

Nun das Fleisch zurück in den Wok geben, mit Sojasauce und Orangensaft würzen und so lange braten, bis das Gemüse bissfest ist.

Nun den Ruccola zugeben und kurz mitbraten, bis er beginnt zusammenzufallen.

Bauernpizza

Zutaten für 2 Portionen:

- » 150 g gemahlene Mandeln
- » 150 g gemahlene Kürbiskerne
- » 30 g Leinsamen gemahlen
- » 40 g Sesam
- » ½ Tl Salz
- » etwas Brotgewürz
- » 50 g Sonnenblumenkerne
- » 1 Pkg. Trockenhefe
- » 2 Eiklar
- » 100 ml heißes Wasser

Belag nach Wahl!

- » Dijon-Senf zum Bestreichen
- » Speckwürferl od. Schinken
- » Zwiebelringerl
- » Bergkäse gerieben
- » Cocktailtomaten
- » Kresse

Trockene Zutaten gut miteinander vermischen. Eiklar und Wasser einkneten und zwei Pizzaböden formen (Teig ist gut formbar, wenn man die Hände etwas befeuchten). Auf ein mit Backpapier belegtes Blech geben und bei 180 °C ca. 15 Minuten backen, Böden wenden und weitere 5–10 Minuten backen. Pizzaböden mit Senf bestreichen und belegen. Bei 200 °C backen, bis der Käse geschmolzen ist (10–15 Minuten).

Tipps Böden können schon vorgebacken und ev. tiefgekühlt werden!

Zucchini-Bärlauch-Nudeln

Zutaten:

- 1 Schalotte fein geschnitten
- 125 g Schinkenspeckwürfel
- 1 EL Butter oder VCO
- 1 Becher Rahm/Sahne
- Pfeffer
- Ursalz
- 1 Handvoll Bärlauchblätter
- 3–4 EL geriebener Parmesan
- ca. 500 g Zucchini-Spaghetti
- frischer Parmesan zum Bestreuen

Schalottenwürfel mit Schinkenspeckwürfel in einer großen Pfanne gut in der Butter oder VCO anrösten. Mit Rahm aufgießen und gut würzen. Geriebenen Parmesan dazu geben und etwas einkochen lassen. Grob geschnittenen Bärlauch zum Schluss unterheben und direkt in die Sauce die Zucchini-Spaghetti unterheben und kurz mitdünsten lassen. Mit Parmesan bestreut servieren.

Tipps

Auch andere Gemüse (oder eine Mischung daraus) lassen sich zu „Spaghetti" verarbeiten!

DESSERTS
CREMES
EIS

Erdbeer-Mascarpone-Creme

Zutaten:

» 200 ml Schlagobers
» 200 g Mascarpone
» 200 g Erdbeeren geschnitten
» Vanille
» Zitronensaft

Die geschnittenen Erdbeeren mit Zitronensaft und Vanille etwas ziehen lassen. Schlagobers nicht ganz fest schlagen. Zum Schluss Mascarpone dazu mixen. Entweder Erdbeeren mit der Creme schichtweise in ein Dessertglas füllen, oder die Erdbeeren mit der Creme vermengen. Kalt servieren.

Tipps: Auch andere saisonale Beeren eignen sich hervorragend für dieses Rezept!

Stracciatella-Eis

Zutaten:

- 3 Dotter
- 1 EL Honig oder Ersatz
- ⅛ l Schlagobers
- Vanille
- Prise Ursalz
- 80g Schokolade ab 80 %
- ½ EL VCO oder Butter
- Prise Süße nach Wahl

Eine mittlere Auflaufform mit Klarsichtfolie auslegen. Dotter mit Süße, Vanille und Salz schaumig schlagen. Geschlagenes Schlagobers unterheben und in die vorbereitete Auflaufform füllen. Ca. 1 ½ Stunden tiefkühlen.
Inzwischen die Schokolade im Wasserbad mit VCO oder Butter schmelzen. Diese dünn über die angefrorene Masse verteilen. 1–2 Minuten warten bis sie fest ist und vorsichtig unterrühren. Die Schokolade bricht nun zu knackigen Stracciatella-Stückerl! Vorgang 2–3x wiederholen und ev. immer wieder in den Tiefkühler stellen (kommt auf die Konsistenz an).
Zum Schluss nochmal mit Schokolade beträufeln und 3–4 Stunden tiefkühlen.

Tipps

Vor dem Servieren einige Minuten antauen lassen.

Tiramisu

Zutaten:

Biskuit:

- » 5 Dotter
- » 50 g Süße nach Wahl
- » 5 EL Wasser
- » Eischnee aus 5 Eiklar
- » Prise Ursalz
- » 30 g Kokosmehl
- » 70 g fein gemahlene Mandeln
- » ½ TL Backpulver
- » Vanille

Creme:

- » 500 g Mascarpone
- » 4 Dotter
- » Eischnee aus 3 Eiklar mit Prise Ursalz
- » 2 EL Süße nach Wahl
- » 2 EL Kaffeelikör oder Espresso
- » ¼ l Espresso zum Beträufeln des Biskuits
- » Kakaopulver

Dotter, Süße und Wasser dickschaumig schlagen.
Den gesalzenen Eischnee und das Mehl-Mandel-Backpulvergemisch vorsichtig aber rasch unterziehen. Bei 200 °C auf einem mit Backpapier ausgelegten Blech ca. 10–15 Minuten backen.
Den Teig sofort auf ein Backpapier stürzen und in Streifen schneiden (wie Löffelbiskuit) und im offenen Backrohr mit der Restwärme trocknen lassen.
Dotter mit Süße schaumig rühren, Mascarpone und Kaffeelikör bzw. Espresso dazu geben, Schnee unterheben.
Eine Auflaufform mit Biskuitstreifen gleichmäßig auslegen. Diese mit Espresso oder Kaffeelikör beträufeln und mit der Hälfte der Creme abdecken.
Neuerlich eine Schicht Biskuit beträufeln und restliche Creme darauf verteilen. Nun mit Kakaopulver satt bestäuben und einige Stunden kühl stellen.

Birnenauflauf

Zutaten für 2 Portionen:

- 1 kleine Birne geschält und geschnitten
- Saft von 1 Zitrone
- etwas VCO oder Butterschmalz
- Zimt
- Eischnee aus 1 Eiklar
- Prise Ursalz
- ½ EL Kakao
- ca. 50 g gemahlene Mandeln
- Vanille
- ev. Süße nach Wahl

Geschnittene Birne mit Zimt und Zitronensaft in einer Pfanne in VCO oder Butterschmalz leicht dünsten bis sie bissfest ist.
In den steif geschlagenen Eischnee die restlichen Zutaten vorsichtig unterheben. Birne in zwei kleine Auflaufförmchen verteilen, die Schneemasse darüber verteilen und bei 180 °C ca. 20 Minuten backen.

Tipps Dieses Rezept schmeckt auch mit Äpfeln sehr gut. Eine „Adventvariante" ist das zusätzliche Verwenden von Lebkuchengewürz im Auflauf.

Bratapfel mit Pekannüssen

Zutaten:

- » 1 säuerlicher Apfel, großzügig ausgehöhlt
- » ½ EL Preiselbeermarmelade zuckerreduziert
- » 1 EL gehackte Pekannüsse
- » Zimt
- » Vanille
- » ein paar Tropfen Rum

Tipps Der Bratapfel ist fertig, wenn die Haut aufzuspringen beginnt.

Die Zutaten alle gut miteinander vermischen und den Apfel damit füllen. Bei 180 °C ca. 20–30 Minuten braten.

KUCHEN
MUFFINS
KEKSE

Mohn-Mini-Küchlein

Zutaten:

- 60 g sehr weiche Butter
- 1–2 EL Süße nach Wahl, fein gemahlen
- 1 Ei
- 12 g Mohnsamen nicht gemahlen
- 40 g fein gemahlene, weiße Mandeln
- 10 g Kokosmehl
- ¼ TL Backpulver
- 2 TL Orangenlikör oder Orangensaft
- Prise Ursalz

Butter, Süße und Ei gut mixen. Restliche Zutaten rasch dazu rühren und in Mini-Backförmchen (z.B. Weihnachtsmotive) füllen. Bei 180 °C je nach Größe 12–15 Minuten backen (Nadelprobe). Auf dem Gitter erkalten lassen und nach Belieben verzieren.

Tipps

Süße extra in der Kaffeemühle noch feiner mahlen. Sie vermischt sich dann besser mit den übrigen Zutaten.

Apfel-Mohn-Kuchen

Zutaten:

- 180 g weiche Butter
- 80 g Süße nach Wahl
- 6 Dotter
- Prise Ursalz
- Zimt
- Vanille
- 2 cl Rum 38 %
- Schale einer Zitrone
- 250 g geraspelte, säuerliche Äpfel
- 250 g gemahlener Mohn
- 6 Eiklar

Rührteig bereiten und zum Schluss steif geschlagenen Eischnee vorsichtig unterheben. In vorbereiteter Torten- oder Kuchenform (ca. 26 cm) bei 180 °C 50 Minuten (je nach Backform auch kürzer) backen. Nadelprobe!

Tipps: Besonders gut wird dieser Kuchen, wenn man diesen noch heiß aprikotiert. D.h. noch heiß hauchdünn mit etwas zuckerreduzierter Marillenmarmelade bestreicht.

Karottentorte

Zutaten:

- 6 Eier
- 80 g Süße nach Wahl
- Prise Ursalz
- Vanille
- 170 g gemahlene Mandeln
- 30 g Kokosmehl
- 70 g VCO geschmolzen (oder 90 g Butter geschmolzen)
- 170 g Karotten sehr fein geraspelt und ausgedrückt
- 1 Pkg. Backpulver

Eier mit Süße und Gewürzen schaumig rühren. Die restlichen Zutaten rasch dazu mixen und in eine mit Backpapier ausgelegte 24 cm oder 26 cm (je nach gewünschter fertiger Höhe) Tortenform gießen.

Bei 180 °C 45–60 Minuten backen (Nadelprobe).

Mit etwas zuckerreduzierter Marillenmarmelade aprikotieren. Mit Deko-Karotten dekorieren und mit Kokosflocken bestreuen.

Tipps

Die Deko-Karotten sind immer „FullCarb" – sie dienen daher nur als Deko und sollten nicht mitgegessen werden.

Becherkuchen

Zutaten:

- 4 Eier
- ½ Becher VCO (geschmolzen)
- 1 Becher Sauerrahm (250 g)
- 1 ½ Becher gemahlene Nüsse
- ½ Becher Kokosmehl
- ½ Becher Süße nach Wahl (nicht Stevia)
- ⅔ Becher Kakao
- ½ Pkg. Backpulver
- Vanille
- Schuss Rum 38 %
- Prise Ursalz

Alle Zutaten miteinander vermischen und in einer Guglhupfform bei 180 °C ca. 1 Stunde backen (Nadelprobe).

Tipps Diese Masse eignet sich auch ideal für Muffin-Förmchen!

Zimtwaffeln mit Zwetschkenröster

Zutaten:

- 40 g weiche Butter
- 2 Eier
- 2 EL Süße nach Wahl
- 1–2 EL Milch (auch Kokosmilch möglich)
- ½ TL Backpulver
- Prise Ursalz
- Vanille
- 1 EL Rum
- 1–2 TL Zimt
- 50 g Haselnüsse gerieben
- 15g Kokosmehl (ca. 1 gehäufter EL)

Tipps

Die Ausbackform noch mit Butter bestreichen, damit die Waffeln schön buttrig schmecken.
Zwetschkenröster siehe Zubereitung – Seite 77

Dotter mit Süße, Gewürzen und weicher Butter schaumig rühren. Haselnüsse, Kokosmehl und Backpulver dazu mischen und ev. 1–2 EL Milch nach Wahl dazugeben, damit ein cremiger Teig entsteht.
Steif geschlagenes Eiweiß unterheben. Entweder im Waffeleisen backen oder in Waffelform im Backrohr bei 180 °C ca. 20–25 Minuten backen.

Schoko-Mandel-Kekserl

Zutaten:

» 160 g gemahlene Mandeln
» ½ TL Backpulver
» Prise Ursalz
» 1 Ei
» 30 g Butter oder VCO (geschmolzen)
» 1 EL Milch (oder Kokosmilch, Mandelmilch)
» Vanille
» 2 EL Süße nach Wahl
» dunkle Schokodrops oder grob gehackte 80 %ige Schokolade

Tipps: Nimmt man geschälte, weiße Mandeln für die Masse so werden die Kekserl heller!

Ei mit Ursalz, Butter, Milch, Süße gut mixen, Mandeln mit Backpulver dazu mischen. Zum Schluss Schokolade unterheben. Auf ein mit Backpapier belegtes Blech kleine Häufchen setzen und 2 Minuten bei 180 °C backen. Nun mit einem Glas die Häufchen etwas flach drücken und weitere 15 Minuten backen. Auf dem Blech auskühlen lassen, bevor man sie auf ein Kuchengitter gibt.

Lebkuchen-Nuss-Muffins

Zutaten:

- » 4 Eier
- » 80 g Süße nach Wahl
- » ½ Pkg. Backpulver
- » 30 g Butter oder VCO
- » 80 g Schokolade 80 %
- » Prise Ursalz
- » ½ EL Lebkuchengewürz
- » 200 g gemahlene Haselnüsse
- » 1 Schuss Rum 38 %

Butter mit Schokolade im Wasserbad schmelzen. Eier mit Süße und Gewürzen schaumig schlagen. Schokolade dazu geben und weiter schlagen. Zum Schluss Haselnüsse mit Backpulver und Rum unterrühren.
In passende Muffinförmchen gießen. Bei 180 °C ca. 20 Minuten (Nadelprobe) backen.

Tipps Statt Lebkuchengewürz kann man auch nur etwas Vanille und Zimt verwenden. Oder auch den Zimt weglassen: man hat dann gute Schoko-Nuss-Muffins

SCHMANKERL

Erdbeer-Kokos-Shake

Zutaten:

» Erdbeeren

» Kokosmilch

» Zitronensaft

» ev. Süße nach Wahl

Gleichviel Erdbeeren wie Kokosmilch mixen. Mit Zitronensaft und falls notwendig mit Süße nach Wahl abschmecken. Kalt servieren

Tipps Statt Zitronensaft kann man auch Limettensaft verwenden!

Pina-Colada-LC

Zutaten:

- 1 kleine Ananas
- Saft von 2 Limetten
- 1 Dose Kokosmilch (400 ml)
- ca. ⅛ l Kokoswasser (je nach gewünschter Konsistenz)

Ananas schälen und in kleine Stücke schneiden. Alle Zutaten im Turmmixer fein mixen und eiskalt servieren. Ergibt 3–4 Gläser.

Tipps

Die Ananas zählt bei der LC Ernährung zum absoluten Fettburner. Darüber hinaus kühlt dieser Pina Colada an heißen Sommertagen.

Frühstücksaufstrich

Zutaten:

» 120 g weiche Butter
» 1 ½ gestrichene EL Kakaopulver
» 1 ½ EL Mandelmus aus dem Reformhaus
» Süße nach Wahl und Bedarf
» Vanille
» 80–100 ml Rahm/Sahne für die Konsistenz

Alle Zutaten gut mit dem Mixer vermischen und im Kühlschrank aufbewahren. Meine Variante mit Haselnussmus: Masse schmeckt dem legendären Nussaufstrich am ähnlichsten. Mit Mandelmus wird der Aufstrich aber noch feiner im Geschmack.

Variation:

Die Masse in Eiswürfelbehälter füllen und einfrieren. Anschließend in 85 %iger geschmolzene Schokolade tauchen und als Konfekt genießen!

Tipps

Da die einfache Portion meist zu wenig ist, empfiehlt es sich die doppelte Menge zuzubereiten!

Pfefferminzlinsen

Tipps Diese Linsen sind extrem sättigend!
Kleine Förmchen verwenden!

Zutaten und Zubereitung:

Etwas VCO (Virgin Coconut Oil) mit wenig 80 % Schokolade schmelzen und eine kleine Menge in Konfekt-Förmchen geben (nur den Boden bedecken). Kurz kühl stellen. Nochmal VCO schmelzen bzw. cremiges VCO nehmen (Ich habe es geschmolzen und im Kühlschrank nochmal anziehen lassen, damit es flüssig–cremig wird). Ein paar Tropfen (je nach Geschmack) hochwertiges Pfefferminzöl dazu träufeln (auf ca. 100ml 6 Tropfen, ist äußerst intensiv!). Nun diese „Creme" auf die gekühlten Schoko-Klacks geben und wieder kühlen.
Nach ein paar Minuten nochmal Schoko-VCO (wie vorhin) darauf verteilen und wieder kühlen. Diese Linsen sind „nur" kühlschranktauglich. Also nicht für den Transport geeignet (außer in einer Kühltasche oder bei extremer Kälte). Sie sind eine herrliche Möglichkeit, das, so wertvolle VCO in ausreichender Menge und in ansprechender Form zu essen!

Knacknüsse

Tipps

Fertige Nüsse in einer Pfanne mit geschmolzenem VCO oder Butter schwenken und dabei nach Wunsch pikant (Chili, Pfeffer, Kräuter...) oder süß (Vanille, Zimt, Kardamom...) würzen.

Rohe Bio-Nüsse (= ohne Spritzmittel, unbestrahlt, ungeschwefelt) in gesalzenes Wasser geben und 8–12 Stunden einweichen.
Die Salzmenge (unraffiniertes Salz verwenden!) richtet sich nach Belieben: eine Prise Salz schmeckt man nicht heraus, wer lieber pikante Salznüsse mag, der erhöht die Menge kräftig.
Die Einweichdauer ist von Sorte zu Sorte unterschiedlich: am besten nach der Einweichzeit in eine Nuss beißen: sie sollte durch und durch feucht sein. Aus diesem Grund empfiehlt es sich auch Nüsse nach Sorten getrennt zu verarbeiten!
Nüsse abseihen, mit Wasser abspülen und mit einem Küchentuch etwas auftrocknen. Dann auf einem Blech gleichmäßig verteilen und bei 50 °C ca. 12 Stunden trocknen lassen. Anfangs ab und an das Backrohr öffnen bzw. die ersten Stunden geöffnet lassen, damit überschüssige Flüssigkeit entweichen kann. Die Nüsse sollen wieder durch und durch trocken sein.
Die Nüsse nun in einem Schraubglas im Kühlschrank aufbewahren.

Durch diesen Vorgang werden die Nüsse nicht nur unglaublich knackig und gut, sondern es werden die, in Nüssen kräftig vorhandenen, Anti-Nährstoffe (z.B. Phytine) entfernt und die Nüsse werden leichter verdaulich. Durch das schonende Trocknen bei 50 °C werden auch keine wertvollen Fettsäuren zerstört.

BROTE
CRACKER

Bärlauch-Parmesan Brot

Zutaten:

- 50 g gemahlene Mandeln
- 50 g Sesam
- 100 g Parmesan gerieben
- 30 g gemahlener Leinsamen
- 1 TL Backpulver
- 1 TL Ursalz
- 2 EL gehackter Bärlauch
- 1–2 gehackte Knoblauchzehen
- 3 Eier

Alle Zutaten zu einem cremigen Teig mixen.
In der kleinen Kastenform (20 cm) bei 180 °C ca. 40–45 Minuten backen (Nadelprobe).

Tipps

Dieses Brot schmeckt auch ofenwarm sehr gut!
Ev. nochmals aufwärmen.

Käsebrötchen

Zutaten:

- » 90 g weiße, gemahlene Mandeln
- » 60 g weiche Butter
- » 3 Eiklar
- » 50 g geriebener Hartkäse (Emmentaler, Parmesan….)
- » 1 Tl Backpulver
- » etwas Salz (je nach Käse)
- » 1 TL Kurkuma

Mandeln mit der weichen Butter vermischen. Dann die restlichen Zutaten untermischen. 4 Laibchen auf ein befettetes Blech setzen und nach Wunsch bestreuen (Schwarzkümmel, Sesam, Käse, Chili....) und bei 180 °C ca. 25–30 Minuten backen.

Tipps Diese Brötchen werden nicht aufgeschnitten, sondern dienen als „Boden" zum Belegen oder „nur" als schmackhafte Beilage.

Rosmarinbrötchen

Zutaten:

- 50 g gemahlene Mandeln
- 50 g gemahlenen Sesam
- 1 EL Kokosmehl (optional)
- 30 g gemahlener Goldleinsamen
- 1 TL Backpulver
- 1 TL Ursalz
- 2 EL gemahlenen frischen Rosmarin
- ½ EL Kurkuma
- 3 Eier
- 60 g VCO geschmolzen

Alle Zutaten zu einem cremigen Teig mixen. In der kleinen Kastenform (20 cm) oder in Muffinförmchen bei 180 °C ca. 40–45 Minuten backen (Nadelprobe). Die Backzeit für Muffins ist etwas kürzer!

Tipps

Wer mag, kann den Rosmarin mit Oregano austauschen. Die Brötchen schmecken dann nach „Pizza".

LowCarb-Brotklassiker

Zutaten:

- 250 g Topfen 20 %
- 4 Eier
- 70 g gemahlene Mandeln
- 70 g geschroteter Leinsamen (oder Kürbiskerne, Sesam...)
- 20 g Sonnenblumenkerne
- 4 EL Buchweizenflocken
- ½ Pkg. Backpulver
- ¾ TL Ursalz
- 1 TL Brotgewürz

Boden einer Kastenform mit Olivenöl bestreichen und Körner nach Wahl reinstreuen. Alle Zutaten rasch zu einem Teig rühren, gut abschmecken, in die Form füllen und auf Wunsch mit Körnern bestreuen. Bei 180 °C ca. 40–50 Minuten backen. Nadelprobe!

Tipps

Man kann alle trockenen Zutaten schon vorab abwiegen und in einem Schraubglas im Kühlschrank aufbewahren. Man braucht dann nur noch Topfen und Eier dazu mixen und backen. Der Zeitaufwand verringert sich enorm!

Einfache Käsecracker

Zutaten:

» 180 g fein geriebener Schnitt- oder Hartkäse (Gouda, Parmesan….)
» 160 g gemahlene Mandeln
» ½ TL Salz (ev. mehr oder weniger – je nach Käsesorte)
» 3–4 EL kaltes Wasser

Käse, Mandeln und Salz gut mischen. Dann nach und nach etwas Wasser dazugeben. Masse gut zusammendrücken (wirkt krümelig, lässt sich aber gut weiter verarbeiten). 2 Kugeln „drücken", jede einzeln zwischen 2 Bögen Backpapier dünn auswalken. Gewünschte Formen ausstechen, oder mit Pizzacutter Formen schneiden. Auf Wunsch mit Gewürzen, Sesam oder Kräutern bestreuen und bei 180 °C ca. 10–15 Minuten backen (gut beobachten!).

Tipps

Je dünner man den Teig auswalgt, umso knuspriger werden die Cracker!

Pikante Brotstangerl

Zutaten:

- 1 geraspelter Karfiol (ca. 220 g)
- 1 Schüsserl geriebener Mozzarella (= 2 Kugeln) ca. 240 g
- 1 Ei
- Ursalz nach Geschmack
- Gewürze nach Geschmack (z.B. Chili, scharfer Paprika oder italienische Gewürze...)
- Pfeffer
- etwas Knoblauch

Alle Zutaten zu einem Teig mischen (ist eher feucht) und auf ein Backpapier dünn ausstreichen. Bei 220 °C ca. 25 Minuten backen. Nun gewünschte Form schneiden, vom Blech nehmen und auf ein neues, mit Backpapier belegtes Blech umgekehrt legen. Mit Gewürzen, Parmesan oder Salz nach Wunsch bestreuen. Weitere 10–15 Minuten bei 250 °C knusprig backen.

Tipps

Falls die Masse noch leicht feucht bzw. weich ist, die Stangerl auf ein Kuchengitter geben und im Rohr bei Restwärme nachtrocknen lassen. Dabei die Ofentüre leicht geöffnet lassen.

BASISREZEPTE

Pizza-Boden

Zutaten:

- 1 gestrichenes Dessert-Schüsserl fein geraspelten Karfiol
- 1 Ei
- 1 gehäuftes Dessert–Schüsserl geriebenen Käse nach Wunsch (vorzugsweise Hartkäse)
- Oregano
- Basilikum
- Prise Thymian
- Pfeffer
- Ursalz (je nach Käse mehr oder weniger)

Belag nach Wahl!

Alle Zutaten gut miteinander vermischen. Teig wird eher weich–cremig. Auf einem Backpapier zu einem „Pizzaboden" verstreichen und heiß (ca. 220 °C) ca. 15 Minuten vorbacken. So lässt sich der Pizzaboden auch auf Vorrat einfrieren.
Nun nach Wunsch belegen und bei starker Oberhitze (ev. Grill) überbacken.

Tipps

Beim Käse zumindest die Hälfte Parmesan nehmen – macht den Boden herrlich würzig!

„Kartoffeln"

Zutaten:

» Weißer Rettich

» Ursalz

» Kurkuma

Weißen Rettich schälen und in „Bratkartoffelscheiben" schneiden. Diese auch halbieren. In viel gesalzenem Wasser ohne Deckel wallend bis zur gewünschten Konsistenz kochen (Rettich verliert nun seine Schärfe und wird mild–süßlich wie Kartoffeln). Für die „richtige" Farbe in das Kochwasser etwas Kurkuma geben.

Weiterverarbeitung für Bratkartoffeln: Zwiebel in Butter bräunen, „Kartoffelscheiben" mitrösten. Gut würzen (benötigt etwas mehr Gewürz als üblich). Die Konsistenz ist sehr ähnlich von Bratkartoffeln, lediglich der „mehlige" Geschmack fehlt.

Tipps

Auch andere Gemüsesorten sind möglich (Pastinaken, Kohlrabi, Steckrüben), haben aber z.T. einen eigenwilligen Geschmack.

„Pürree"

Zutaten:

» 1 mittelgroßer Karfiolkopf

» 100 ml Rahm

» Ursalz

» 1 Becher Frischkäse

» Muskat

Karfiol klein zerteilen und in wenig gesalzenem Wasser/Rahmgemisch sehr weich kochen. Überschüssige Flüssigkeit abgießen (vorerst einmal aufbewahren falls noch etwas zugegeben werden muss). Frischkäse zum Karfiol geben, gut würzen und mit dem Stabmixer zu Püree verarbeiten.

Für diese Art Püree eignet sich grundsätzlich jedes Gemüse – geschmacklich am neutralsten ist hier Kohlrabi.

Tipps

Wenn man dem Kochwasser etwas Kurkuma zugibt, dann erhält man auch eine farbliche Ähnlichkeit mit Kartoffelpüree!

Suppenwürze

„Italian Style"
Pelati, Stangensellerie, diverses Wurzelgemüse, Knoblauch, Chili-Schoten, frischer Thymian aus dem Garten, Oregano, Fenchel, Zwiebel... Eignet sich herrlich für Tomatengerichte, italienische Gerichte, Faschiertes...

Tipps

Suppengemüse in Menge und Zusammenstellung nach Lust und Laune z.B. „klassisch": Zwiebel, Lauch, gelbe Rüben, Karotten, Lauch, Knoblauchzehen, Fenchel, Petersilie (weitere Kräuter auf Wunsch), Selleriestange, Sellerieknolle, Pastinake.... Gemüse säubern und abtrocknen, grob schneiden und im Multizerkleinerer fein häckseln oder durch den Fleischwolf lassen.
Nun die gesamte Masse GENAU abwiegen! Das Gewicht durch 6 teilen:
Dies ist nun die Salzmenge, die der Gemüsemasse zugesetzt werden muss.
Hochwertiges, unraffiniertes Salz verwenden!
Salz gut unterrühren. Ein paar Minuten ziehen lassen und dann in Gläser abfüllen. Die Würze ist mindestens 1 Jahr bei Zimmertemperatur haltbar und kann zum Würzen von Fleisch, Salat-Marinaden, Suppen, Saucen, Braten etc. verwendet werden.

Faschiertes

Zutaten:

» 1 Ei

» ½ kg Fleisch

Selbstgemachte Suppenwürze (siehe Zubereitung – Seite 75) eignet sich ideal zum Würzen von Fleischlaibchen oder Faschierten Braten! Man hat gleich den richtigen Anteil an Gemüse und Kräutern dabei!

Tipps

Für Faschierte Laibchen oder einen Faschierten Braten eignen sich, je nach Lust und Laune, verschiedenste Fleischsorten. Für die Bindung braucht man nur 2 Voraussetzungen: 1. 1 Ei für ½ kg Fleisch und 2. langes, intensives Kneten der Fleischmasse. Je besser man knetet, umso hervorragender die Bindung!
Nun noch verschiedene passende Gewürze dazu geben (Huhn/Rosmarin, Lamm/Thymian, Rind/Pfeffer – der Fantasie und dem Geschmack sind hier keine Grenzen gesetzt…) Streckt man die Masse allerdings mit Gemüse (Spinat, Karotten, Zucchini….) kann das eine weitere Bindung notwendig machen: eine kleine Menge Kokosmehl kann dafür ausreichend sein (vorsichtig dosieren, damit es nicht vorschmeckt).

Mayonnaise

Zutaten:

- » 2 Eidotter
- » Ursalz
- » Pfeffer
- » 1 TL Dijon-Senf
- » 2 TL Zitronensaft oder Essig
- » 250 ml mildes Olivenöl oder Mischung VCO/Olivenöl

Dotter mit Gewürzen und Senf in einer Schüssel gut verrühren. Nun das Öl in sehr dünnem Strahl nach und nach einrühren bis die Masse gut bindet.

Tipps: Alle Zutaten vor der Verarbeitung auf Zimmertemperatur bringen. Fertige Mayonnaise im Kühlschrank aufbewahren.

Zwetschken-röster

Zutaten:

- » Zwetschken
- » Zitrone
- » Zimtstange
- » Nelken
- » Sternanis
- » etwas Kokosmehl

Zwetschken entsteinen und grob schneiden. Ein Stück Zitrone, Zimtstange, Nelken und Sternanis dazugeben. Wenig Wasser und etwa Süße nach Wahl. Gut aufkochen lassen und sehr weich kochen. Gewürze wieder herausnehmen und den Zwetschkenröster mit etwas Kokosmehl oder einem Hauch Stärke binden (soll sirupartige Konsistenz erlangen). Normalerweise wird der Zwetschkenröster mit viel Zucker zu dieser Konsistenz eingekocht. In der LowCarb Variante muss man mit ein wenig „Bindemittel" arbeiten, damit es kein Kompott wird.

Über die Autorin

DANIELA PFEIFER

- Seit 1986 Diätologin mit Schwerpunkt Stoffwechselerkrankungen, Onkologie und Autoimmunerkrankungen
- Ausbildung zur Ernährungsberaterin nach der Traditionellen Chinesischen Diätetik (Barbara Temelie)
- Diplomierte Therapeutin für Traditionelle Medizin (Zentrum für Naturheilkunde/München)
- Diplomierte Shiatsu-Praktikerin (ISSÖ Graz)
- zahlreiche Fortbildungen (Metabolic Typing, Ernährung nach Dr. Budwig, ...)
- langjährige Vortrags- und Kurstätigkeiten in der Erwachsenenbildung, Therapeuten- und Ärztefortbildung
- Schulungen und Coaching in Gastronomiebetrieben

Abkürzungen/Glossar/ Bezugsquellen

Eierspeis	Rührei
EL	Esslöffel, Suppenlöffel
Faschiertes	Hackfleisch
Fleischlaiberl	Frikadellen, Fleischpflanzerl
Guglhupfform	Napfkuchenform
Karfiol	Blumenkohl
Karotten	Möhren
Kekserl	Plätzchen
Marillenmarmelade	Aprikosenkonfitüre
Pkg.	Päckchen
Pelati	italienische Tomaten
Püree	Stampf
Rahm	süße Sahne
Ribisel	Johannisbeeren
Sauerrahm	saure Sahne
Schlagobers	geschlagene süße Sahne
TL	Teelöffel, Kaffeelöffel
Topfen	Quark
Ursulz	unraffiniertes, unbehandeltes Salz
VCO	Virgin Coconut Oil = hochwertigstes Kokosöl/ -fett
verquirlen	verkleppern
Zwetschken	Pflaumen
Zwetschkenröster	typisch österreichische Pflaumenzubereitung mit Zimt

Empfehlenswerte Bezugsquelle für höchstwertige Kokosprodukte aller Art (z.B. Kokosmehl, Virgin Coconut Oil, Kokosraspel...):
www.drgoerg.com

Hochwertigstes Leinöl, Virgin Coconut Oil, NaturalSweet (Erythritol):
www.praeventiva.at